BlackRock

La Breve Storia e le Controversie della Più Grande Società
di Gestione Patrimoniale del Mondo e dei suoi Fondatori;
Larry Fink, Robert S. Kapito & Susan Lynne Wagner

Dichiarazione di non responsabilità

Copyright 2023 - *Tutti i diritti riservati*

Questo documento si propone di fornire informazioni precise e affidabili in merito all'argomento e alla questione trattata. La pubblicazione è venduta con l'idea che l'editore non è tenuto a fornire servizi contabili, ufficialmente autorizzati o comunque qualificati. Se è necessaria una consulenza, legale o professionale, ci si deve rivolgere a una persona esperta nella professione - da una Dichiarazione di Principi che è stata accettata e approvata in egual misura da un Comitato dell'American Bar Association e da un Comitato degli Editori e delle Associazioni.

In nessun modo è lecito riprodurre, duplicare o trasmettere qualsiasi parte di questo documento, né in formato elettronico né in formato cartaceo. La registrazione di questa pubblicazione è severamente vietata e non è consentita la memorizzazione di questo documento se non previa autorizzazione scritta dell'editore. Tutti i diritti sono riservati.

La presentazione delle informazioni avviene senza alcun contratto o garanzia di alcun tipo. I marchi utilizzati sono privi di qualsiasi consenso e la loro pubblicazione non è autorizzata o supportata dal proprietario del marchio. Tutti i marchi e le marche presenti in questo libro sono solo a scopo chiarificatore e sono di proprietà dei titolari stessi, non affiliati a questo documento. Non incoraggiamo l'abuso di sostanze e non possiamo essere ritenuti responsabili per la partecipazione ad attività illegali.

1

Introduzione

BlackRock, Inc. è una società di investimento multinazionale americana con sede a New York. Fondata nel 1988, inizialmente come gestore patrimoniale istituzionale di gestione del rischio e del reddito fisso, BlackRock è il più grande gestore patrimoniale del mondo, con 10.000 miliardi di dollari di patrimonio in gestione a gennaio 2022. BlackRock opera a livello globale con 70 uffici in 30 Paesi e clienti in 100 Paesi. Insieme a Vanguard e State Street, BlackRock è considerato uno dei tre grandi gestori di fondi indicizzati che dominano l'America.

BlackRock ha cercato di posizionarsi come leader nel settore della governance ambientale, sociale e aziendale (ESG). La società è stata criticata per il peggioramento del cambiamento climatico, per i suoi stretti legami con il Federal Reserve System durante la pandemia COVID-19, per il suo comportamento anticoncorrenziale e per i suoi investimenti senza precedenti in Cina.

Indice dei contenuti

Storia di Blackrock

1988-1999

BlackRock è stata fondata nel 1988 da Larry Fink, Robert S. Kapito, Susan Wagner, Barbara Novick, Ben Golub, Hugh Frater, Ralph Schlosstein e Keith Anderson per fornire ai clienti istituzionali servizi di gestione patrimoniale dal punto di vista del rischio. Fink, Kapito, Golub e Novick hanno lavorato insieme alla First Boston, dove Fink e il suo team sono stati pionieri nel mercato dei titoli garantiti da ipoteca negli Stati Uniti. Durante il suo mandato, Fink aveva perso 90 milioni di dollari come capo della First Boston. Quell'esperienza è stata la motivazione per sviluppare quelle che lui e gli altri consideravano eccellenti pratiche di gestione del rischio e fiduciarie. Inizialmente, Fink cercò finanziamenti (per il capitale operativo iniziale) da Pete Peterson del Blackstone Group, che credeva nella visione di Fink di un'azienda dedicata alla gestione del rischio. Peterson la chiamò Blackstone Financial Management. In cambio di una partecipazione del 50% nell'attività obbligazionaria, Blackstone ha inizialmente concesso a Fink e al suo team una linea di credito di 5 milioni di dollari. Nel giro di pochi mesi, l'attività era diventata redditizia e nel 1989 le attività del gruppo erano quadruplicate, raggiungendo i 2,7 miliardi di dollari. Anche la percentuale di partecipazione di Blackstone è scesa al 40%, rispetto al personale di Fink.

Nel 1992, Blackstone deteneva una quota pari a circa il 35% della società e Stephen A. Schwarzman e Fink stavano valutando la possibilità di vendere azioni al pubblico. L'azienda adottò il nome di BlackRock e alla fine dell'anno gestiva un patrimonio di 17 miliardi di dollari. Alla fine del 1994, BlackRock gestiva 53 miliardi di dollari. Nel 1994, Schwarzman e Fink hanno avuto una disputa interna sui metodi di compensazione e sulle azioni. Fink voleva condividere le azioni con i nuovi assunti, per attirare i talenti dalle banche, a differenza di Schwarzman, che non voleva abbassare ulteriormente la partecipazione di Blackstone. I due si accordarono per separarsi e Schwarzman vendette BlackRock, una decisione che in seguito definì un "errore eroico". Nel giugno 1994, Blackstone ha venduto un'unità di titoli ipotecari con 23 miliardi di dollari di attività a PNC Bank Corp. per 240 milioni di dollari. L'unità aveva negoziato mutui e altre attività a reddito fisso e durante il processo di vendita cambiò il nome da Blackstone Financial Management a

6

BlackRock Financial Management. Schwarzman è rimasto in Blackstone, mentre Fink è diventato presidente e CEO di BlackRock Inc.

Blackrock 1999-2009

BlackRock è stata quotata in borsa nel 1999 a 14 dollari per azione alla Borsa di New York. Alla fine del 1999, BlackRock gestiva un patrimonio di 165 miliardi di dollari. BlackRock è cresciuta sia organicamente che tramite acquisizioni. Nell'agosto 2004, BlackRock ha effettuato la sua prima grande acquisizione, comprando la holding State Street Research & Management SSRM Holdings, Inc. da MetLife per 325 milioni di dollari in contanti e 50 milioni di dollari in azioni. L'acquisizione ha portato il patrimonio gestito da BlackRock da 314 a 325 miliardi di dollari. L'operazione ha incluso l'attività di fondi comuni di investimento State Street Research & Management nel 2005. Nel 2006 BlackRock si è fusa con Merrill Lynch Investment Managers (MLIM), dimezzando la partecipazione di PNC e dando a Merrill Lynch una quota del 49,5% della società. Nell'ottobre 2007, BlackRock ha acquisito le attività dei fondi di fondi di Quellos Capital Management.

Il governo degli Stati Uniti ha stipulato un contratto con BlackRock per contribuire a risolvere le conseguenze del crollo finanziario del 2008. Secondo *Vanity Fair*, l'establishment finanziario di Washington e Wall Street riteneva che BlackRock fosse la scelta migliore per questo lavoro. La Federal Reserve ha permesso a BlackRock di supervisionare la liquidazione dei debiti da 130 miliardi di dollari di Bear Stearns e American International Group.

Nel 2009, BlackRock è diventato il primo gestore patrimoniale a livello mondiale. Nell'aprile 2009, BlackRock ha acquisito R3 Capital Management, LLC e ha preso il controllo del fondo da 1,5 miliardi di dollari. Il 12 giugno 2009, Barclays ha venduto la sua unità Global Investors (BGI), che comprendeva la sua attività di fondi negoziati in borsa, iShares, a BlackRock per 13,5 miliardi di dollari. Grazie a questa operazione, Barclays ha ottenuto una partecipazione di quasi il 20% in BlackRock.

Blackrock 2010-2019

Nel 2010, Ralph Schlosstein, CEO di Evercore Partners e fondatore di BlackRock, ha definito BlackRock "l'istituzione finanziaria più influente al mondo". Il 1° aprile 2011, a causa dell'acquisizione di Genzyme da parte di Sanofi, BlackRock l'ha sostituita nell'indice S&P 500.

Nel 2013 *Fortune ha* inserito BlackRock nell'elenco annuale delle 50 aziende più ammirate al mondo. Nel 2014, *The Economist ha* dichiarato che BlackRock, con i suoi 4.000 miliardi di dollari in gestione, è il "più grande gestore patrimoniale del mondo" e supera la più grande banca del mondo, la Industrial and Commercial Bank of China, con 3.000 miliardi di dollari. Nel maggio dello stesso anno, BlackRock ha investito in Snapdeal.

Nel dicembre 2014 un amministratore delegato di BlackRock a Londra è stato bandito dalla Financial Conduct Authority britannica per non aver superato il test "fit and proper", in quanto ha pagato 43.000 sterline per evitare di essere perseguito per aver evitato di pagare i biglietti del treno. In risposta all'incidente, BlackRock ha dichiarato: "Jonathan Burrows ha lasciato BlackRock all'inizio dell'anno. Ciò che ha ammesso alla FCA è totalmente contrario ai nostri valori e principi".

Alla fine del 2014, il Sovereign Wealth Fund Institute ha riferito che il 65% del patrimonio gestito da Blackrock era costituito da investitori istituzionali.

Al 30 giugno 2015, BlackRock aveva 4,721 trilioni di dollari di asset in gestione. Il 26 agosto 2015 BlackRock ha stipulato un accordo definitivo per l'acquisizione di FutureAdvisor, un provider di gestione patrimoniale digitale con un patrimonio in gestione di 600 milioni di dollari. In base all'accordo, FutureAdvisor opererà come attività all'interno di BlackRock Solutions (BRS). Nel novembre 2015 BlackRock ha annunciato la chiusura dell'hedge fund BlackRock Global Ascent a seguito di perdite. Il fondo Global Ascent era l'unico fondo macro globale dedicato, in quanto BlackRock era "più nota per i suoi fondi comuni di investimento e gli exchange traded fund". All'epoca, BlackRock gestiva 51 miliardi di dollari in hedge fund, di cui 20 miliardi in fondi di hedge fund.

Nel marzo 2017, il *Financial Times ha* annunciato che BlackRock, dopo una revisione di sei mesi guidata da Mark Wiseman, ha avviato una ristrutturazione della sua attività di fondi a gestione attiva da 8 miliardi di dollari, che ha portato all'uscita di sette gestori di portafoglio e a un onere di 25 milioni di dollari nel secondo trimestre, sostituendo alcuni fondi con strategie di investimento quantitative. Nel maggio 2017, BlackRock ha aumentato la sua partecipazione in CRH plc e Bank of Ireland. Ad aprile 2017, le attività di iShares rappresentavano 1,41 miliardi di dollari, ovvero il 26% del patrimonio totale gestito da BlackRock e il 37% delle entrate da commissioni di base di BlackRock. Nell'aprile 2017, BlackRock ha sostenuto l'inclusione delle azioni della Cina continentale nell'indice globale MSCI per la prima volta.

Tra ottobre e dicembre 2018, il patrimonio di BlackRock è diminuito di 468 miliardi di dollari ed è sceso sotto i 6 miliardi di dollari. Si è trattato del maggior calo tra i trimestri dal settembre 2011.

Al 2019, BlackRock detiene il 4,81% di Deutsche Bank, diventando così il principale azionista. Questo investimento risale almeno al 2016.

Nel maggio 2019, BlackRock ha ricevuto critiche per l'impatto ambientale delle sue partecipazioni. È annoverata tra i primi tre azionisti di ogni "supermaggioranza"

11

petrolifera, tranne Total, ed è tra i primi 10 azionisti di 7 dei 10 maggiori produttori di carbone.

Blackrock dal 2020

Nella sua lettera aperta annuale per il 2020, Fink ha annunciato che la sostenibilità ambientale è un obiettivo fondamentale per le future decisioni di investimento di BlackRock. BlackRock ha annunciato l'intenzione di vendere 500 milioni di dollari di investimenti nel carbone.

Nel marzo 2020, la Federal Reserve ha scelto BlackRock per gestire due programmi di acquisto di obbligazioni societarie in risposta alla pandemia di coronavirus, la Primary Market Corporate Credit Facility (PMCCF) e la Secondary Market Corporate Credit Facility (SMCCF) da 500 miliardi di dollari, nonché l'acquisto da parte del Federal Reserve System di titoli garantiti da ipoteca commerciale (CMBS) garantiti dalla Government National Mortgage Association, dalla Federal National Mortgage Association o dalla Federal Home Loan Mortgage Corporation.

Nell'agosto 2020, BlackRock ha ricevuto l'approvazione dalla China Securities Regulatory Commission per la creazione di un'attività di fondi comuni di investimento nel Paese. BlackRock è stato così il primo gestore patrimoniale globale a ottenere il consenso del governo cinese per avviare le operazioni nel Paese.

Nel gennaio 2020, PNC ha venduto la sua partecipazione in BlackRock.

Al 2021, BlackRock possiede il 7,50% di HSBC Holdings plc, diventando così il secondo maggiore azionista dopo Ping An Insurance.

Il 28 dicembre 2022 è stato annunciato che BlackRock e Volodymyr Zelensky erano in contatto da diversi mesi e che BlackRock avrebbe svolto un ruolo principale nella ricostruzione dell'Ucraina. L'accordo è stato criticato e BlackRock è stata accusata di "incassare" la distruzione dell'Ucraina.

Proprietà e trasparenza di Blackrock

BlackRock investe i fondi dei suoi clienti (ad esempio, i proprietari delle quote dell'ETF iShares) in numerose società quotate in borsa, alcune delle quali sono in concorrenza tra loro. A causa delle dimensioni dei fondi di BlackRock, l'azienda compare spesso tra i primi azionisti di queste società, come le aziende tecnologiche Apple (BlackRock risulta possedere il 6,34%) e Microsoft (6,77%), e le aziende di servizi finanziari Wells Fargo (4,30%) e JPMorgan Chase (4,41%). BlackRock afferma che queste azioni sono in ultima analisi di proprietà dei clienti della società, non di BlackRock stessa - un'opinione condivisa da diversi studiosi indipendenti - ma riconosce di poter esercitare il voto degli azionisti per conto di questi clienti, in molti casi senza il loro contributo.

Questa concentrazione di proprietà ha tuttavia sollevato preoccupazioni per un possibile comportamento anticoncorrenziale. Uno studio del 2014 intitolato "Anticompetitive Effects of Common Ownership" ha analizzato gli effetti di questo tipo di proprietà comune sui prezzi dei biglietti aerei. Lo studio ha rilevato che "i prezzi aumentano e la quantità diminuisce quando le compagnie aeree che competono su una determinata rotta sono più comunemente possedute dallo stesso gruppo di investitori". Gli autori osservano che questo aumento dei prezzi non implica necessariamente una collusione consapevole tra i proprietari comuni, ma potrebbe forse essere dovuto al fatto che queste aziende sono ora "troppo pigre per competere" con se stesse.

BlackRock è azionista di molti investitori istituzionali che possiedono azioni di BlackRock. Questa catena di proprietà è simile alle strutture di proprietà circolari che sono state identificate nel Regno Unito.

Finanze di Blackrock

Nel 2021, BlackRock si è classificata al 192° posto nella lista *Fortune* 500 delle maggiori società statunitensi per fatturato.

Nel 2020, l'organizzazione no-profit American Economic Liberties Project ha pubblicato un rapporto che evidenziava il fatto che "le 'tre grandi' società di gestione patrimoniale - BlackRock, Vanguard e State Street - gestiscono oltre 15.000 miliardi di dollari di patrimonio globale combinato, un importo equivalente a più di tre quarti del prodotto interno lordo degli Stati Uniti". Il rapporto chiede riforme strutturali e una migliore regolamentazione dei mercati finanziari. Nel 2021, BlackRock gestirà oltre 10 trilioni di dollari di asset in gestione, circa il 40% del PIL degli Stati Uniti (25,347 trilioni di dollari nominali nel 2022).

Soluzioni BlackRock

Nel 2000, BlackRock ha lanciato BlackRock Solutions, la divisione di analisi e gestione del rischio di BlackRock, Inc. La divisione si è sviluppata a partire da Aladdin System (che è il sistema di investimento aziendale), Green

Package (che è il Risk Reporting Service) PAG (analisi del portafoglio) e AnSer (che è l'analisi interattiva). BlackRock Solutions (BRS) svolge due ruoli all'interno di BlackRock. In primo luogo, BlackRock Solutions è il dipartimento interno di analisi degli investimenti e di "ingegneria dei processi" di BlackRock, che collabora con i team di gestione dei portafogli, con l'analisi quantitativa e del rischio, con le operazioni commerciali e con ogni altra parte dell'azienda che si occupa del processo di investimento. In secondo luogo, BlackRock Solutions (BRS) e le tre divisioni principali sono servizi offerti ai clienti istituzionali. Nel 2013, la piattaforma contava quasi 2.000 dipendenti.

BlackRock si differenzia dagli altri gestori patrimoniali sostenendo che la gestione del rischio non è separata. La gestione del rischio è la base e la pietra angolare dell'intera piattaforma dell'azienda. Aladdin tiene traccia di 30.000 portafogli di investimento, compresi quelli di BlackRock e quelli di concorrenti, banche, fondi pensione e assicurazioni. Secondo *The Economist*, a dicembre 2013 la piattaforma monitorava quasi il 7% dei 225.000 miliardi di dollari di attività finanziarie mondiali.

17

BlackRock Solutions è stata incaricata dal Dipartimento del Tesoro degli Stati Uniti nel maggio 2009 di gestire (cioè di analizzare, sciogliere e prezzare) le attività ipotecarie tossiche di proprietà di Bear Stearns, AIG, Inc, Freddie Mac, Morgan Stanley e altre società finanziarie colpite dalla crisi finanziaria del 2008.

BlackRock

Investimenti ambientali, sociali e di corporate governance

Nel 2017, BlackRock ha ampliato la propria presenza nel settore degli investimenti sostenibili e della governance ambientale, sociale e societaria (ESG) con nuovo personale e prodotti sia negli Stati Uniti che in Europa, con l'obiettivo di guidare l'evoluzione del settore finanziario in questo senso.

BlackRock ha iniziato a usare il suo peso per attirare l'attenzione sulle questioni ambientali e di diversità attraverso lettere ufficiali agli amministratori delegati e votazioni degli azionisti insieme a investitori attivisti o reti di investitori come il Carbon Disclosure Project, che nel 2017 ha sostenuto una risoluzione degli azionisti che chiedeva a ExxonMobil di agire sul cambiamento climatico. Nel 2018, ha chiesto alle società del gruppo Russell 1000 di migliorare la diversità di genere nei loro consigli di amministrazione se avevano meno di due donne al loro interno.

Dopo aver discusso con i produttori e i distributori di armi da fuoco, il 5 aprile 2018 BlackRock ha introdotto due nuovi fondi negoziati in borsa (ETF) che escludono i titoli dei produttori di armi e dei grandi rivenditori di armi, Walmart, Dick's Sporting Goods, Kroger, Sturm Ruger, American Outdoor Brands Corporation e Vista Outdoor, e rimuovendo i titoli dai sette fondi ESG esistenti "per offrire una maggiore scelta ai clienti che desiderano escludere le società produttrici di armi da fuoco dai loro portafogli".

Nell'agosto del 2021, un ex dirigente di BlackRock, che ha ricoperto il ruolo di primo responsabile globale degli investimenti sostenibili della società, ha dichiarato di ritenere che gli investimenti ESG della società siano un "pericoloso placebo che danneggia l'interesse pubblico". L'ex dirigente ha affermato che le istituzioni finanziarie sono motivate a impegnarsi negli investimenti ESG perché i prodotti ESG hanno commissioni più elevate, che a loro volta aumentano i profitti delle società.

Nell'ottobre del 2021, il comitato editoriale del *Wall Street Journal ha* scritto che BlackRock stava spingendo la Securities and Exchange Commission degli Stati Uniti ad adottare regole che richiedessero alle società private di divulgare pubblicamente il loro impatto sul clima, la diversità dei loro consigli di amministrazione e altre metriche. Il comitato editoriale ritiene che "i mandati ESG, che comportano anche notevoli rischi di contenzioso e di reputazione, porteranno molte società a evitare i mercati pubblici. Ciò danneggerebbe le borse e i gestori patrimoniali, ma soprattutto gli investitori al dettaglio".

Nel gennaio 2022, il fondatore e CEO di BlackRock Larry Fink ha difeso l'attenzione della società per gli investimenti in E.S.G., respingendo "le accuse che l'asset manager stesse usando la sua forza e la sua influenza per sostenere un'agenda politicamente corretta o progressista". Fink ha detto che la pratica dell'E.S.G. "è sveglia". Secondo il *New York Times*, l'enfasi di BlackRock sull'E.S.G. ha attirato critiche in quanto "si inchina agli interessi anti-business" o è "solo marketing". Secondo la CNBC, alcuni gruppi e legislatori conservatori hanno accusato BlackRock di "atteggiamenti da woke" per nascondere l'incanalamento di denaro della società verso le aziende cinesi. Nel frattempo, gli attivisti e i gruppi ambientalisti hanno attaccato la società per non aver disinvestito dalle aziende produttrici di combustibili fossili e da altri grandi responsabili del cambiamento climatico.

Riscaldamento globale

A dicembre 2018, BlackRock era il più grande investitore al mondo in sviluppatori di impianti a carbone, detenendo azioni per un valore di 11 miliardi di dollari tra 56 sviluppatori di impianti a carbone. e BlackRock possedeva più riserve di petrolio, gas e carbone termico di qualsiasi altro investitore, con riserve totali pari a 9,5 gigatonnellate di emissioni di CO_2 o il 30% delle emissioni totali legate all'energia del 2017. Gruppi ambientalisti, tra cui Sierra Club e Amazon Watch, hanno lanciato nel settembre 2018 una campagna denominata "BlackRock's Big Problem", sostenendo che BlackRock è il "più grande motore della distruzione climatica sul pianeta", anche a causa del suo rifiuto di disinvestire dalle società di combustibili fossili. Il 10 gennaio 2020, un gruppo di attivisti per il clima si è precipitato all'interno degli uffici parigini di BlackRock France, dipingendo pareti e pavimenti con avvertimenti e accuse sulla responsabilità dell'azienda nelle attuali crisi climatiche e sociali.

Il 14 gennaio 2020, il CEO di BlackRock Larry Fink ha dichiarato che la sostenibilità ambientale sarà un obiettivo fondamentale per le decisioni di investimento. BlackRock ha annunciato la vendita di attività legate al carbone per un valore di 500 milioni di dollari e la creazione di fondi che

23

eviteranno i titoli legati ai combustibili fossili, due mosse che cambieranno drasticamente la politica di investimento della società. L'ambientalista Bill McKibben l'ha definita una "vittoria enorme, anche se non definitiva, per gli attivisti". Tuttavia, secondo Morningstar Proxy Data, il sostegno di BlackRock alle risoluzioni degli azionisti che richiedono la divulgazione dei rischi climatici è sceso dal 25% nel 2019 al 14% nel 2020.

Norme bancarie dell'UE

Il Mediatore europeo ha aperto un'indagine nel maggio 2020 per ispezionare il fascicolo della Commissione sulla decisione della Commissione europea di assegnare un contratto a BlackRock Investment Management per realizzare uno studio sull'integrazione dei rischi e degli obiettivi ambientali, sociali e di governance nelle norme bancarie dell'UE ("quadro prudenziale"). I membri del Parlamento europeo hanno messo in dubbio l'imparzialità del più grande gestore patrimoniale del mondo, visti i suoi investimenti nel settore.

Virginia Occidentale

24

Riley Moore, tesoriere dello Stato della Virginia Occidentale, ha dichiarato nel giugno 2022 che BlackRock e altri cinque istituti finanziari non potranno più fare affari con lo Stato della Virginia Occidentale, a causa della loro difesa dell'industria dei combustibili fossili. Moore ha dichiarato: "In un momento in cui la domanda di energia è alle stelle e i consumatori stanno sopportando il peso di un'inflazione generazionale, non ha assolutamente senso che le istituzioni finanziarie taglino i capitali e i finanziamenti a queste industrie legali e redditizie solo perché non si allineano ai loro programmi sociali e politici radicali".

Florida

Nel dicembre 2022 il direttore finanziario della Florida Jimmy Patronis ha annunciato che il governo della Florida avrebbe disinvestito 2 miliardi di dollari di investimenti gestiti da BlackRock, a causa della mossa dell'azienda di rafforzare gli standard ESG e le politiche ESG. BlackRock ha poi risposto all'annuncio con una dichiarazione in cui affermava che il disinvestimento avrebbe anteposto la politica all'interesse degli investitori.

25

Investimenti di Blackrock

Investimenti in Cina

Nell'agosto 2021, BlackRock ha creato il suo primo fondo comune di investimento in Cina dopo aver raccolto oltre un miliardo di dollari da 111.000 investitori cinesi. BlackRock è diventata la prima società di proprietà straniera autorizzata dal governo cinese a gestire un'attività interamente controllata nel settore dei fondi comuni di investimento in Cina. Scrivendo sul *Wall Street Journal*, George Soros ha descritto l'iniziativa di BlackRock in Cina come un "tragico errore" che avrebbe "danneggiato gli interessi di sicurezza nazionale degli Stati Uniti e di altre democrazie".

Nell'ottobre 2021, il gruppo no-profit Consumers' Research ha lanciato una campagna pubblicitaria che criticava i rapporti di BlackRock con il governo cinese.

Nel dicembre 2021, è stato reso noto che BlackRock era un investitore in due società che erano state inserite nella lista nera del governo statunitense per le violazioni dei diritti umani contro gli uiguri nello Xinjiang. In un caso

(Hikvision) BlackRock ha aumentato il suo livello di investimento dopo l'inserimento della società nella lista nera.

Investimenti in India

L'azienda gestisce un fondo dedicato all'India, attraverso il quale investe in start-up indiane come Byju's, Paytm e Pine Labs. A partire dalla fine del 2021, l'azienda sta riducendo gli investimenti in India e aumentando quelli in Cina.

Percezione pubblica di Blackrock

Nella sua lettera annuale agli azionisti del 2018, l'amministratore delegato di BlackRock Larry Fink ha scritto che gli altri amministratori delegati dovrebbero essere consapevoli del loro impatto sulla società. Le organizzazioni contro la guerra hanno contestato la dichiarazione di Fink, dato che BlackRock è il maggiore investitore in produttori di armi attraverso il suo ETF iShares U.S. Aerospace and Defense. Nel maggio 2018, le organizzazioni contro la guerra hanno organizzato una manifestazione davanti all'assemblea annuale degli azionisti di BlackRock a Manhattan, New York.

L'azienda è stata anche criticata per l'inazione nei confronti del cambiamento climatico e per la deforestazione in Amazzonia. Secondo il *New Republic*, BlackRock "si è posizionata come il bravo ragazzo di Wall Street e i suoi dirigenti come un gruppo di gestori finanziari miti che comprendono i rischi della crisi climatica e l'importanza della diversità. Ma questi impegni, dicono i critici, si estendono solo fino a un certo punto nelle operazioni quotidiane dell'azienda".

A causa del suo potere e delle dimensioni e della portata delle sue attività finanziarie, BlackRock è stata definita la più grande banca ombra del mondo. Nel 2020, i rappresentanti statunitensi Katie Porter e Jesús "Chuy" García hanno proposto un disegno di legge della Camera degli Stati Uniti volto a limitare BlackRock e altre cosiddette banche ombra. Il 4 marzo 2021, la senatrice statunitense Elizabeth Warren ha suggerito che BlackRock dovrebbe essere definita "troppo grande per fallire" e dovrebbe essere regolamentata di conseguenza.

29

BlackRock è stata messa sotto esame per aver presumibilmente approfittato dei suoi stretti legami con il Federal Reserve System durante gli sforzi di risposta alla pandemia COVID-19. Nel giugno 2020, *The New Republic* scrisse che BlackRock "stava avendo un'ottima pandemia" e si presentava "come socialmente responsabile mentre contribuiva alla catastrofe climatica, eludendo il controllo normativo e cercando di influenzare [una potenziale] amministrazione Biden". Il *Financial Times* ha descritto che BlackRock si è assicurata un ruolo consultivo di primo piano nel programma di acquisto di asset della Fed post-COVID, facendo sorgere il dubbio che BlackRock possa usare la sua influenza per incoraggiare la Fed ad acquistare i prodotti BlackRock; durante il programma di quantitative easing 2020 della Fed, l'ETF sulle obbligazioni societarie di BlackRock ha ricevuto 4,3 miliardi di dollari di nuovi investimenti, rispetto ai 33 milioni di dollari e ai 15 milioni di dollari ricevuti rispettivamente dai concorrenti di BlackRock, Vanguard Group e State Street.

Persone chiave

Nel 2021, Blackrock aveva un consiglio di amministrazione composto da diciotto persone. Essi erano:

- Larry Fink - fondatore, presidente e amministratore delegato
- Bader M. Alsaad
- Pamela Daley
- Jessica P. Einhorn
- Beth Ford
- William E. Ford
- Fabrizio Freda
- Murry S. Gerber
- Margaret "Peggy" L. Johnson
- Robert S. Kapito - fondatore e co-presidente
- Cheryl D. Mills
- Gordon M. Nixon
- Kristin Peck
- Charles H. Robbins
- Carlos Slim Domit
- Hans V. Vestberg
- Susan Wagner - fondatrice, membro del consiglio di amministrazione
- Mark Wilson

Tra le persone che hanno fatto parte del consiglio di amministrazione di Blackrock ci sono:

- Brian Deese - ex responsabile globale degli investimenti sostenibili
- Blake Grossman, ex vicepresidente

Larry Fink

Laurence Douglas Fink (nato il 2 novembre 1952) è un uomo d'affari miliardario americano. È l'attuale presidente e amministratore delegato di BlackRock, una multinazionale americana di gestione degli investimenti. BlackRock è la più grande società di gestione del denaro al mondo, con oltre 10.000 miliardi di dollari di asset in gestione, che le conferiscono un enorme potere sul sistema finanziario globale. Secondo la rivista Forbes, nell'aprile 2022 il patrimonio netto di Fink era stimato in 1 miliardo di dollari. Fa parte dei consigli di amministrazione del Council on Foreign Relations e del World Economic Forum.

Vita e formazione

Fink è nato il 2 novembre 1952. È cresciuto come uno dei tre figli in una famiglia ebrea di Van Nuys, in California, dove la madre Lila (1930-2012) era una professoressa di inglese e il padre Frederick (1925-2013) aveva un negozio di scarpe. Si è laureato in Scienze politiche all'UCLA nel 1974. Fink è anche membro della Kappa Beta Phi. Ha poi

conseguito un MBA in Real Estate presso la UCLA
Anderson Graduate School of Management nel 1976.

Dal 1970 al 2000

Fink ha iniziato la sua carriera nel 1976 presso First
Boston, una banca d'investimento con sede a New York,
dove è stato uno dei primi trader di titoli garantiti da
ipoteca e ha poi gestito il dipartimento obbligazionario
dell'azienda. Alla First Boston, Fink è stato membro del
comitato di gestione, amministratore delegato e co-
responsabile della divisione Taxable Fixed Income; ha
inoltre avviato il dipartimento Financial Futures and
Options e diretto il Mortgage and Real Estate Products
Group.

Fink ha aggiunto "secondo alcune stime" 1 miliardo di
dollari ai profitti della First Boston. Il successo della banca
dura fino al 1986, quando il suo dipartimento perde 100
milioni di dollari a causa di una sua previsione errata sui
tassi di interesse. Questa esperienza influenzò la sua
decisione di fondare una società che investisse il denaro
dei clienti incorporando anche una gestione completa del
rischio.

Nel 1988, sotto l'ombrello societario di The Blackstone Group, Fink ha co-fondato BlackRock e ne è diventato direttore e CEO. Quando BlackRock si è separata da Blackstone nel 1994, Fink ha mantenuto le sue posizioni, che ha continuato a ricoprire anche dopo che BlackRock è diventata più indipendente nel 1998. Tra gli altri incarichi che ha ricoperto presso la società vi sono quelli di presidente del consiglio di amministrazione, presidente dei comitati esecutivo e di leadership, presidente del consiglio aziendale e co-presidente del comitato clienti globale. BlackRock è stata quotata in borsa nel 1999.

2000s

Nel 2003, Fink ha contribuito a negoziare le dimissioni dell'amministratore delegato della Borsa di New York, Richard Grasso, ampiamente criticato per il suo pacchetto retributivo di 190 milioni di dollari. Nel 2006 Fink ha guidato la fusione con Merrill Lynch Investment Managers, che ha raddoppiato il portafoglio di gestione patrimoniale di BlackRock. Nello stesso anno, l'acquisto da parte di BlackRock di Stuyvesant Town-Peter Cooper Village, un complesso residenziale di Manhattan, per un valore di 5,4 miliardi di dollari, è diventato il più grande affare

immobiliare residenziale nella storia degli Stati Uniti.
Quando il progetto si è concluso con un default, i clienti di
BlackRock hanno perso i loro soldi, compreso il California
Pension and Retirement System, che ha perso circa 500
milioni di dollari.

Il governo degli Stati Uniti ha stipulato un contratto con
BlackRock per contribuire al risanamento dopo il crollo
finanziario del 2008. Le relazioni di lunga data di Fink con
alti funzionari governativi hanno portato a interrogarsi su
potenziali conflitti di interesse relativi a contratti governativi
assegnati senza gara d'appalto. Il contratto di BlackRock
ha permesso a Fink di coltivare relazioni con il primo
segretario al Tesoro di Obama, Tim Geithner, e con altri
membri del team di ripresa economica di Obama. Nel 2016
Fink sperava di entrare lui stesso a far parte del governo
federale come Segretario al Tesoro di Hillary Clinton. Allo
stesso tempo, Blackrock ha assunto molti ex funzionari
dell'esecutivo, tra cui Cheryl Mills, Christopher Meade,
Katheryn Rosen, Michael Pyle, Coryann Stefansson, Gary
Reeder e Ken Wilson. Questa mossa ha rafforzato la porta
girevole di BlackRock con il governo federale.

Nel dicembre 2009, BlackRock ha acquistato Barclays Global Investors, diventando così la più grande società di gestione del denaro al mondo. Nonostante la sua grande influenza, Fink non è molto conosciuto pubblicamente, a parte le sue apparizioni regolari sulla CNBC. BlackRock ha pagato a Fink 23,6 milioni di dollari nel 2010 e 36 milioni nel 2021. Nel 2016, BlackRock aveva 5.000 miliardi di dollari in gestione, con 12.000 dipendenti in 27 Paesi.

Nel 2016, Fink ha ricevuto il premio ABANA Achievement Award a New York. Il premio riconosce una persona che esemplifica una leadership eccezionale nel settore bancario e finanziario e si impegna per una positiva cooperazione professionale tra gli Stati Uniti e il Medio Oriente e il Nord Africa.

Nel 2018, Fink si è classificato al numero 28 della lista *Forbes* delle persone più potenti del mondo.

Durante la pandemia di coronavirus del 2020, la Fed si è rivolta a BlackRock per acquistare titoli in difficoltà, in un'eco del 2008.

Coinvolgimento della comunità

Fink fa parte del consiglio di amministrazione della New York University, dove ricopre diverse cariche, tra cui quella di presidente del comitato per gli affari finanziari. È inoltre co-presidente del consiglio di amministrazione del NYU Langone Medical Center e amministratore del Boys and Girls Club di New York. Fink fa anche parte del consiglio di amministrazione della Robin Hood Foundation. Nel 2009 Fink ha fondato il Lori and Laurence Fink Center for Finance & Investments presso la UCLA Anderson, di cui è attualmente presidente.

Nel dicembre 2016, Fink si è unito a un forum di imprese riunito dall'allora presidente eletto Donald Trump per fornire consulenza strategica e politica su questioni economiche.

Nella sua lettera aperta annuale del 2018 agli amministratori delegati, ha invitato le aziende a svolgere un ruolo attivo nel miglioramento dell'ambiente, a lavorare per migliorare le loro comunità e ad aumentare la diversità della loro forza lavoro. Ciò è stato interpretato come prova di una mossa da parte di BlackRock, uno dei maggiori investitori pubblici, per far rispettare in modo proattivo questi obiettivi. Nella sua lettera aperta del 2019, Fink ha affermato che le aziende e i loro CEO devono intervenire in un vuoto di leadership per affrontare le questioni sociali e politiche quando i governi non riescono ad affrontarle.

Dopo l'omicidio di Jamal Khashoggi nell'ottobre 2018, Fink ha cancellato i piani di partecipazione a una conferenza sugli investimenti in Arabia Saudita.

Nella sua lettera aperta annuale per il 2020, Fink ha annunciato che la sostenibilità ambientale è un obiettivo fondamentale per le future decisioni di investimento di BlackRock. In questa lettera ha spiegato come il clima diventerà un elemento trainante dell'economia, influenzando tutti gli aspetti dell'economia. In una lettera separata (indirizzata agli investitori) ha anche reso noto che BlackRock taglierà i ponti con i precedenti investimenti che riguardavano il carbone termico e altri investimenti che presentano un elevato rischio ambientale.

Larry Fink è anche donatore e sostenitore di lunga data della New York City Police Foundation: un gruppo che fornisce sostegno finanziario al Dipartimento di Polizia di New York. L'organizzazione no-profit Color of Change ha chiesto a Fink di disinvestire dalla NYC Police Foundation in seguito all'omicidio di George Floyd e alle successive proteste a livello nazionale.

Vita personale

Fink è sposato con la moglie Lori, sua compagna di liceo, dal 1974. La coppia ha tre figli. Joshua, il figlio maggiore, è stato amministratore delegato di Enso Capital, un hedge fund ormai defunto in cui Fink aveva una partecipazione. I Fink possiedono case a Manhattan, North Salem, New York, e Vail, Colorado.

Fink è un sostenitore del Partito Democratico da sempre.

La percezione del pubblico

Nella sua lettera annuale agli azionisti del 2018, Fink ha dichiarato che le altre aziende dovrebbero essere consapevoli del loro impatto sulla società; tuttavia, le organizzazioni anti-guerra non hanno gradito la dichiarazione di Fink perché la sua società, BlackRock, è il più grande investitore in produttori di armi attraverso il suo U.S. Aerospace and Defense ETF. Nel settembre 2018, un attivista dell'organizzazione no-profit statunitense Code

Pink ha affrontato Fink sul palco del Yahoo Finance All Markets Summit.

Cambiamento climatico

Nel dicembre 2021, BlackRock si è associata a un asset manager saudita per pagare 15,5 miliardi di dollari per acquistare e poi riaffittare oleodotti a Saudi Aramco.

Tuttavia, Fink si è espresso in modo molto chiaro sull'azione delle aziende in materia di cambiamenti climatici e in una lettera aperta del 2022 ha dichiarato: "Ogni azienda e ogni settore saranno trasformati dalla transizione verso un mondo a zero emissioni. La domanda è: sarete voi a guidare, o sarete guidati?".

Nel 2022, Fink è stato nominato dal *Guardian* uno dei principali "cattivi del clima" degli Stati Uniti a causa dei profitti di BlackRock sulla deforestazione.

Onorificenze

- 2007, Premio Targa d'Oro dell'Accademia Americana dei Risultati
- 2015, Premio Appello della coscienza

- 2015, Medaglia d'oro della Società Americana
- 2016, Medaglia UCLA
- 2019, Premio Charles Schwab per l'innovazione finanziaria

Robert S. Kapito

Robert Steven Kapito (nato l'8 febbraio 1957) è un uomo d'affari e investitore americano. È fondatore e presidente della società di gestione degli investimenti BlackRock, con sede a New York.

Vita e formazione

Kapito ha origini ebraiche. Ha conseguito un MBA presso la Harvard Business School di Cambridge, Massachusetts (HBS) nel 1983 dopo aver conseguito una laurea in economia presso la Wharton School dell'Università della Pennsylvania. Kapito ha conosciuto sua moglie Ellen quando era una studentessa della University of Pennsylvania School of Nursing.

La carriera di Kapito

Kapito è entrato a far parte di First Boston nel 1979 dopo essersi laureato a Wharton e ha iniziato a lavorare nel dipartimento di finanza pubblica. È stato assunto da Larry Fink per lavorare alla First Boston, dove è stato

determinante per la creazione del mercato dei titoli
garantiti da ipoteca negli Stati Uniti.

Kapito ha lasciato First Boston per completare il suo MBA
ed è tornato in azienda nel 1983 nel Mortgage Products
Group. Nel 1988, Kapito ha lasciato First Boston insieme a
Fink e ha fondato BlackRock sotto l'ombrello della società
di private equity Blackstone Group come partner. Kapito
ha lavorato a stretto contatto con Fink in BlackRock, dove
si è fatto una reputazione di sostenitore aggressivo e leale
di Fink.

Nel 2022 ha messo in guardia dalla carenza di prodotti e
ha affermato che "una generazione molto titolata che non
ha mai dovuto fare sacrifici" sta sperimentando per la
prima volta l'inflazione.

Kapito è membro del consiglio di amministrazione della
Wharton School dell'Università della Pennsylvania e della
Harvard Kennedy School Executive Education Faculty. È
inoltre presidente del consiglio di amministrazione
dell'Hope & Heroes Children's Cancer Fund e presidente
del consiglio di amministrazione del Periwinkle Theatre for

Youth, un'organizzazione nazionale senza scopo di lucro che si occupa di educazione artistica.

Nel 2012 ha ricevuto il Gustave L. Levy Award dalla United Jewish Appeal Federation di New York per le sue donazioni.

Kapito dovrebbe intervenire al Global Financial Leaders' Investment Summit del 2022, e il Consiglio per la Democrazia di Hong Kong sostiene che la sua presenza, insieme a quella di altri dirigenti finanziari, legittima l'imbiancatura da parte del governo di Hong Kong dell'erosione delle libertà nella città. Diversi membri del Congresso hanno anche avvertito che i dirigenti finanziari statunitensi non dovrebbero partecipare al vertice, affermando che "la loro presenza serve solo a legittimare il rapido smantellamento dell'autonomia di Hong Kong, della libera stampa e dello Stato di diritto da parte delle autorità di Hong Kong che agiscono insieme al Partito Comunista Cinese".

Susan Lynne Wagner

Susan Lynne Wagner (nata nel 1961) è una dirigente finanziaria americana. La Wagner è una dei co-fondatori di BlackRock, una multinazionale americana di gestione degli investimenti, di cui è stata vicepresidente e direttore operativo. BlackRock è la più grande società di gestione patrimoniale al mondo, con 8,67 trilioni di dollari di patrimonio in gestione a maggio 2021.

Nel 2011 è stata nominata in due liste di donne potenti: "Most Powerful Women in New York 2011" e "50 Most Powerful Women in Business (2011)".

Vita e formazione

Wagner è nata nel 1961 a Chicago da una famiglia ebraica. Si è laureata nel 1982 con lode al Wellesley College con una laurea in inglese e in economia e ha poi conseguito un MBA in finanza all'Università di Chicago nel 1984.

La carriera di Wagner

Dopo aver conseguito un MBA, Wagner è entrata a far parte dell'unità di investment banking di Lehman Brothers a New York. Durante gli anni trascorsi alla Lehman si è occupata di fusioni e acquisizioni, prodotti a reddito fisso e acquisizioni strategiche. Nel 1988, Wagner e Ralph Schlosstein hanno lasciato Lehman per unirsi a Blackstone Financial Group. In seguito, Blackstone Financial Group ha cambiato nome in BlackRock.

Tra i fondatori di BlackRock, Wagner è stata vicepresidente e direttore operativo. Ha orchestrato le fusioni e le acquisizioni di BlackRock, tra cui Quellos, Merrill Lynch Investment Management e Barclays Global Investors. Prima di ritirarsi da BlackRock nel 2012, Wagner ha ampliato la società in Asia, Medio Oriente e Brasile. Da quando si è ritirata da BlackRock, fa parte del consiglio di amministrazione di BlackRock e ricopre il ruolo di funzionario e membro del consiglio di amministrazione della Hackley School.

Nel maggio 2014, Wagner è stato invitato dalla classe 2014 di Wellesley a pronunciare il discorso di laurea.

Nel luglio 2014, Wagner è stata nominata nel consiglio di amministrazione di Apple Inc. in sostituzione del membro del consiglio di lunga data William Campbell. La Wagner è stata la seconda donna nel consiglio di amministrazione di Apple, composto da otto membri, e l'unico amministratore con un background in campo finanziario. Nel 2014 è stata anche eletta nel consiglio di amministrazione di Swiss Re.

www.ingramcontent.com/pod-product-compliance
Lightning Source LLC
Chambersburg PA
CBHW061315140726
47998CB00006B/2409